Lucas y la luna

Pilar Remartinez Cereceda

PR Ediciones

Copyright © Pilar Remartínez Cereceda, 2010
Diseño de portada:Pilar Remartinez
Diseño de ilustraciones: Manuel lara Coca
Maquetación: Pilar Remartínez
http://www.pilar-remartinez.com/

PR-Ediciones
www.pr-ediciones.com
Madrid (España)

ISBN: 978-84-15092-43-8

Para mis ñajos; Nacho , José y Miguel

Lucas y la luna

LUCAS Y LA LUNA

L ucas era el menor de nueve ratoncitos blancos, había nacido dentro de una familia muy

trabajadora de la gran ciudad, sus papas nunca le dejaban salir solo, pues eran tantos los peligros que acechaban que no querían arriesgarse.

Sus papas y hermanos, eran muy trabajadores, no paraban y la labor de Lucas era mantener en orden la casa, pero todo era un desastre, a veces, su mamá le castigaba ellos se pasaban casi todo el rato en la calle trabajando pero Lucas no escarmentaba, tenía unas ideas que para él eran muy divertidas, pero que desesperaban a su mamá, que ya no sabía qué hacer para que su hijo se centrara un poquito.

Fuera del hogar había muchos peligros que parecía que Lucas ignoraba y lo que tenían que hacer era mantener lejos a su peor enemigo, el gato Sisifu, que juntos a otros felinos gozaban haciendo sufrir a los pobres y desvalidos ratoncitos.

Mama ratona, trabajaba de la mañana a la noche, siempre con mucho esmero era muy coqueta y una

mañana preparando la comida, se encontró un brillante que había caído por la chimenea lo cogió y se lo guardo en el bolsillo sin darle importancia, más tarde pensaría lo que iba hacer con semejante hallazgo, terminó la comida y muy contenta por el resultado fue llamando a todos los ratoncitos a la mesa, pues su papa tenía que hacer cosas y no llegaría hasta más tarde.

El papa ratoncito era contable de una gran empresa y su dedicación era absoluta, era un trabajo que le gustaba hacer, venía de familia y lo que él quería era que su hijo pequeño siguiera con la tradición, para esto estaba trabajando muy duro para ofrecer a su hijo unos buenos estudios.

Pero a Lucas no le interesaba lo que su papa le proponía, que estupidez más grande.

Lo que le gustaba era las estrellas, el universo, el cielo y todo lo relacionado con las nubes.

Lucas era muy holgazán, o eso era lo que le decían constantemente sus papas, en realidad lo que a Lucas le gustaba era tumbarse en la cama y estudiar el firmamento, tenía una imaginación muy grande, le gustaba pensar que volaría hasta la luna en un gran cohete podría coger una estrella para regalársela a su mama, todas las noches estudiaba la forma de llegar hasta allí.

Pero sus hermanos no le comprendían , siempre se estaban burlando y metiéndose con él, pero por mucho que ellos se empeñaran no se saldrían con la suya.

Lo que nadie sabía era que ya tenía finalizado su cohete y lo único que faltaba era probarlo a cielo abierto.

Manos a la obra y dicho y hecho cogió unas provisiones de la nevera… Ya tenía todo lo necesario…

Se dispuso a subirse en su cohete. Pronto su sueño se hará realidad y podrá correr y volar, destino a la luna.

La cuenta atrás comenzó.

−10,9,8,7,6,5,4,3,2,1,0.

El cohete despegó con gran fuerza, se empezó a elevar hasta perderse de vista.

Lucas no se lo podía creer, estaba viendo la tierra chiquitita y estaba rodeado de hermosas estrellas...
— ¡Qué maravilla!— pensó

Todo parecía tranquilo en la casa de Lucas, había una paz falsa, la familia se dispuso a cenar, estaban muy hambrientos.

De pronto ¡Zas! el gato Sisifu consiguió entrar en casa de los ratoncitos.

Los ratoncitos corrían por toda la
casa y entre tanto jaleo no se habían
percatado de que su hermano Lucas
no se encontraba en casa, lo prime-
ro que tenían que hacer era buscar
refugio y metiéndose debajo de la
alfombra lo encontraron.

Cuando estaban fuera de peligro y fuera de las garras del malvado Sisifu se dieron cuenta que faltaba Lucas.

—¡Hay!, ¿Dónde estará nuestro hijito?
Sollozaba sin parar la mama ratona.

—No te preocupes se habrá escondido por algún rincón, ya lo verás —Contestó papa ratón, que acababa de llegar del trabajo.

Mientras buscaban a Lucas por todos los sitios.

Lucas estaba disfrutando de su viaje a la luna, sin preocupación ninguna.

De pronto, le entro miedo ¿Cómo iba a hacer para bajar? ¡Oh, ahora se daba cuenta de lo que realmente había hecho! ¿Y sus padres? ¿Y sus hermanos? Estarían buscándolo desesperados.

Ya no le gustaba tanto estar en la luna.

Pobre Lucas, empezaba a estar asustado, cansado, sus brillantes ideas quedaban ya muy atrás. No veía su casa ni a sus hermanos.

Decidió descansar un ratito, tenía mucho sueño y no había comido, empezó a soñar.

Estaba con sus papas y sus hermanos y se lo estaba pasando en grande.

Pero algo estaba ocurriendo en el exterior de la nave.

Unos diminutos personajes estaban acercándose con gran curiosidad,

— Que ven mis ojos comento uno de los marcianos, no daba crédito a lo que estaba pasando, era imposible lo que estaba sucediendo.

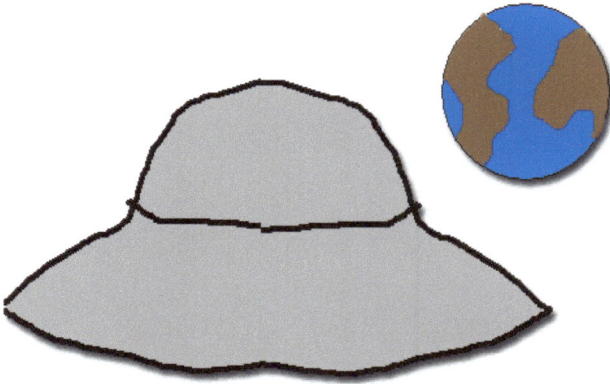

Asomándose a la nave vieron a Lucas que dormía plácidamente.

Pero cuando se disponían a entrar, Lucas se empezó a despertar organizado un gran ruido.

-Aigggggggggggggggg

Que sueño más raro había tenido, pensaba mientras se desperezaba, pero no era así, Lucas pudo comprobar que estaba en la luna y que además no estaba solo, pues en la puerta había dos auténticos marcianos de color verde que le miraban con curiosidad.

—Hola amigos, saludo muy animado Lucas.

—Vengo de la tierra en son de paz.

—Hola Lucas de la tierra, no queremos hacerte daño, le contestaron los marcianos, algo confundidos.

—Bienvenido a Plutonio.

—Yo soy Pi y él es Pa.

—Hola Pi y Pa —respondió riéndose Lucas, pues le hacían gracia sus nombres.

Lucas les explico con pelos y señales su gran aventura y el gran problema que tenía, no sabía cómo volver a su casa.

—No te preocupes le contestaron al unísono, Pi y Pa, nosotros te llevaremos a casa en nuestro platillo volante, pero antes queremos que pases unas horas con nosotros y nos expliques como es la tierra.

Lucas cabizbajo no tuvo más remedio que admitir que no sabía nada del planeta tierra, él solo se dedicaba a soñar y hacer diabluras.

Sus papas mientras tanto ya estaban convencidos que el malvado gato Sisifu se lo había comido y le lloraban sin consuelo.

—Hay pobre hijo mío.

Entretanto en la luna Pi y Pa ya habían decidido llevar a su amigo Lucas a su casa.

Le condujeron a su platillo volador y se metieron dentro.

—Amigos míos os puedo pedir un favor.

—Si —le contestó Pa, el que llevaba la voz cantante.

—¿Puedo llevarme una estrella para mi mama?
Pi, le llevó la estrella más hermosa de universo.

—Ten toma, esta es la estrella del amor, aquí hay muchas.

Lucas le dio las gracias y se despidió de aquel lugar, no quería pensar en cómo le iba a recibir sus papas, después de haber desaparecido sin avisar.

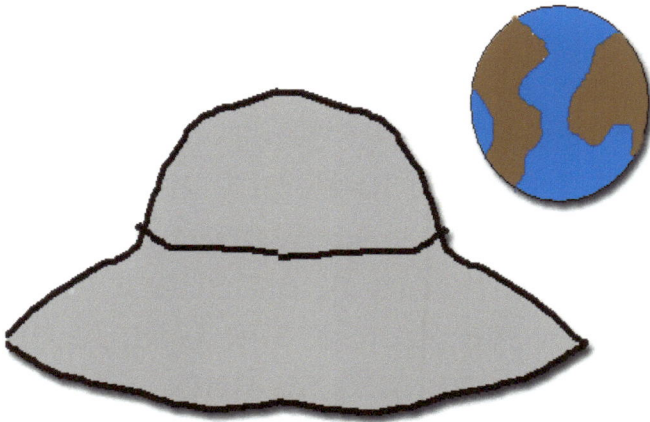

Mientras la nave se acercaba, creyó reconocer su hogar a lo lejos. Su corazón latía cada vez más fuerte, como un reloj, toc, toc, toc.
Hasta el anochecer no consiguió lle-

gar a su casa, que por fin reconoció.

Salieron del platillo volante y Lucas dio las gracias a sus buenos amigos Pi y Pa que tan bien se había portado con él.

Con paso firme se dispuso a entrar en su casa y allí encontró, en el centro de la habitación, a toda la familia reunida.

Lucas avanzó y abrazó a su mama y le regaló la estrella que le había cogido su amigo Pi el marciano.

Mama ratona se acordó del brillante que se había guardado y cuál fue su sorpresa, que era igual que el que le había regalado su hijo.

Comprendió que se había caído una estrella a su casa a repartir amor por toda la tierra.

Entonces Lucas se dio cuenta de que a partir de ese momento obedecería sin rechistar y nunca más se escaparía.

Todos lo abrazaron, muy contentos de volver a estar juntos, y le pidieron que contara su viaje a la luna.

Y colorín colorado este cuento se ha acabado.

Lucas y la luna

Pilar Remartínez Cereceda.

Escritora y editora madrileña, con ocho libros publicados en el mercado internacional y otro verá próximamente la luz.

Pensamientos de una madre de familia numerosa, este libro está en la biblioteca del Congreso de los Estados Unidos de América. Lucas y la luna, Notas del corazón, Corazones compartidos, Sentimientos vitales, Antología poética, Melancolía, Antología poética II y en breve saldrá la Antología del poeta virtual.

Escribe artículos de mitología en la revista especializada los nuevelibros.com

Directora de PR Ediciones y de la red de literatura Cerca de ti, colaboradora en numerosas redes literarias.

www.ingramcontent.com/pod-product-compliance
Lightning Source LLC
Chambersburg PA
CBHW041810040426
42449CB00001B/53